Couvertures supérieure et inférieure
manquantes

# MÉMOIRE

SUR UN

# PROJET DE RESTAURATION

DU PORTAIL ET DU CLOCHER

DE

L'ÉGLISE NOTRE-DAME-DU-CAMP DE PAMIERS

PRÉSENTÉ

## AU CONSEIL DE FABRIQUE

En Avril 1869.

PAMIERS,

T. VERGÉ, IMPRIMEUR-LIBRAIRE.

—

1869.

# A MM. LES MEMBRES DE LA FABRIQUE

## DE NOTRE-DAME-DU-CAMP.

Le Conseil de Fabrique de Notre-Dame-du-Camp de Pamiers, justement préoccupé des dégradations du clocher et de l'urgence des travaux reconnus indispensables, a manifesté le désir qu'il lui fut adressé un rapport détaillé sur toutes les circonstances qui se rattachent au projet de restauration et sur les ressources dont il pourrait disposer pour couvrir la dépense évaluée dans les devis de l'architecte. Ces questions se discutent sans cesse dans nos assemblées, et nous les avons résumées dans plusieurs délibérations successives.

Après deux années d'efforts, une solution conforme à nos vœux paraît encore éloignée. Et cependant la situation s'aggrave et la nécessité d'agir s'impose de plus en plus. Mais il ne faudrait pas l'oublier, nous ne sommes que les continuateurs d'une œuvre dont l'accomplissement a été toujours ajourné. Une grande persévérance est encore nécessaire, sans même se préoccuper du succès.

S'attachant comme nous aux nécessités les plus pressantes du culte, nos prédécesseurs ne méconnaissaient pas l'importance de notre ancienne église, et ils avaient jugé le portail et le clocher dignes de figurer parmi les monuments historiques pour lesquels il est accordé des subventions privilégiées. C'est à leurs recherches que nous sommes redevables d'une intéressante notice, tirée d'un recueil authentique, écrit en latin depuis environ deux cents ans, et duquel il résulte que la basilique de Notre-Dame-du-Camp fut jadis d'une magnificence incomparable [1].

Encore de nos jours, il n'est que trop facile de vérifier l'exactitude de ces renseignements. Sans prétendre les accepter comme point de départ de son projet de restauration, la Fabrique s'attache du moins à préserver d'une ruine complète et imminente le portail et le clocher de l'ancien sanctuaire qui font partie intégrante de la nouvelle église.

L'occasion semble propice pour une nouvelle initiative de sa part et il convient de la mettre à profit. Constatons d'abord, que la paroisse du Camp est la plus considérable du diocèse; qu'elle a de grands besoins pour les frais multipliés de son culte, et que son budget peut à peine y suffire. C'est ainsi que l'église, n'ayant reçu depuis longues années, depuis des siècles il faut dire, aucune réparation dans la partie la plus exposée à l'injure du temps, présente, au centre de la ville, un aspect de ruine qui contraste péniblement avec les constructions voisines. La grande entrée ne conserve plus que quelques rares traces d'architecture, tout tombe en poussière....

(1) « Eratque, hæc Basilica ædificii amplitudine et magnificentia nulli totius Occitaniæ secunda, sed nascente hæresi diruta, numquam restaurari potuit. — Gallia christiana, t. 13, p. 52. »

Cette basilique ne le cédait par son développement et par sa magnificence à aucune autre dans tout le Midi de la France; mais détruite à l'époque des guerres de religion, elle n'a jamais pu être rétablie.

L'antique monument n'a plus pour échapper à l'oubli que ses lignes majestueuses qui se projettent dans l'espace.

Les régions moyennes de l'édifice conservent encore une solidité très-encourageante pour les restaurations partielles. Mais la plate-forme qui sépare les tours ayant perdu son revêtement, les eaux pluviales s'infiltrent dans les maçonneries et le surplus va se perdre dans l'escalier de la tour du nord qui en est comme raviné. Il s'est opéré et il s'opère tous les jours, sous l'influence de l'humidité, des détériorations très-compromettantes. Une assise de briques, de plusieurs mètres d'épaisseur, au-dessous des arcades du parapet, est passée à l'état salpêtreux ; cette masse qui surplombe la grande entrée demande impérieusement et sans plus de retard à être consolidée.

Les effets délétères de l'humidité se font aussi ressentir sur l'orgue qui se trouve adossé au mur du couchant. Un artiste distingué de Toulouse, M. Massis, a déjà constaté les altérations commençantes de la rouille. Il en a indiqué la cause dans l'ouverture trop fréquente des portes latérales de l'église et dans le mauvais état des vitraux ; mais la plus dangereuse de ces causes réside certainement dans le mur même de la façade qui, exposé à toutes les bourrasques, est entièrement découvert à sa partie supérieure où il se termine par la plate-forme.

Déjà, par suite d'un état permanent d'humidité de la vallée basse de Pamiers, il est très-difficile de préserver le fer de l'oxydation. Que n'arrivera-t-il pas aux différentes pièces de l'orgue, exposées, dans un milieu aussi peu favorable, si elles ne sont efficacement garanties contre les influences atmosphériques ?

Faudra-t-il que la détérioration de notre édifice paroissial entraîne aussi celle d'un mobilier acquis au prix de tant de sacrifices ?

Toutefois, ce n'est pas en vain que tous ces faits ont été signalés à l'attention du public et déjà le projet de restauration est appuyé de quelques secours.

Un bienfaiteur de notre ville, dont la mort prématurée a provoqué d'unanimes regrets, M. Théophile de Pons d'Arnave, a légué trois mille francs à l'église du Camp, et la Fabrique a décidé qu'ils seraient affectés à la restauration projetée.

La municipalité de la ville de Pamiers, par délibération du 9 mai 1867, a accordé une somme de cinq cents francs pour le dallage de la plate-forme du clocher.

Par une autre délibération, en date du 27 juin 1867, la municipalité, renforcée des plus hauts imposés de la commune, a voté une somme de six mille francs pour être affectée aux grandes réparations de l'église du Camp.

La Fabrique, de son côté, étant décidée à faire quelques avances, une ressource d'environ dix mille francs se trouverait assurée.

M. le Maire et plusieurs membres de la Commission municipale, qui sont membres de la Fabrique, n'ont pas hésité, dans nos différentes réunions, de donner l'assurance que les secours seraient délivrés en temps utile.

Se prévalant de cette mise de fonds, la Fabrique s'est empressée d'adresser une supplique à Son Exc. le Ministre de la justice et des cultes, à l'effet d'obtenir le complément de la dépense fixée à dix-huit mille francs, dans le devis de l'architecte. Cette supplique qui remonte à une année, a été rédigée dans les termes suivants :


*A Son Excellence Monsieur le Ministre de la Justice et des Cultes.*


« Monsieur le Ministre,


« Nous avons l'honneur de présenter à Votre Excellence
« une demande de secours pour des réparations urgentes
« à exécuter au portail et au clocher de notre église.

« Le plan et le devis ont été dressés par un architecte
« très-compétent, M. Layrix, qui, après avoir remporté de
« nombreux succès dans les concours, a exercé longtemps à
« Paris, où il a été chargé de la direction de travaux de
« premier ordre.

« Le montant de la dépense devant s'élever à 18,000 fr.
« ne peut être prélevé sur notre budget qui suffit à peine
« aux nécessités du culte.

« Mais le projet de la Fabrique ayant été accueilli favo-
« rablement, une somme d'environ dix mille francs est
« déjà assurée pour son exécution.

« La Fabrique fournira trois mille deux cents francs, im-
« médiatement disponibles.

« La Commission municipale de la ville de Pamiers a voté

« récemment deux subventions en faveur de l'église du Camp;
« une première de cinq cent trente-deux francs, et une
« seconde, avec l'assistance des plus hauts imposés de la
« commune, de six mille francs. Total neuf mille sept cent
« trente-deux francs offerts pour les réparations, comme
« cela résulte des pièces ci-jointes.

« Le portail de Notre-Dame-du-Camp est une œuvre d'art
« très-remarquable, dont l'entretien mérite d'être encou-
« ragé. C'est de notre Église qu'il est dit dans l'ancien recueil
« intitulé: *Gallia Christiana*, tome XIII, p. 52 : *Eratque*
« *hæc Basilica ædificii amplitudine et magnificentia, nulli*
« *totius Occitaniæ secunda, sed nascente hæresi diruta, nun-*
« *quam restaurari potuit.*

« Mais un reste imposant de cet antique monument, où
« se sont continuées jusqu'à ce jour les cérémonies du culte,
« demeure encore debout; c'est un devoir pour la Fabrique,
« à l'exemple de ce qui se fait partout dans nos contrées, de
« le relever d'un état de ruine compromettant même pour sa
« solidité.

« Qu'il nous soit permis d'espérer que notre demande,
« qui se produit pour la première fois, fixera particulière-
« ment l'attention de Votre Excellence et qu'elle daignera
« nous admettre à la distribution des secours en proportion
« de la dépense portée dans les devis. »

Ces sortes de pourvois auprès des ministères ne sont pas
d'ordinaire suivis d'une solution immédiate. Ainsi nous at-
tendons encore l'autorisation pour la délivrance du legs de
M. de Pons qui, néanmoins, ne peut rencontrer aucune
difficulté.

Il faut savoir mettre du zèle et de la persévérance à renouveler les démarches, et le résultat désiré finit par être obtenu. C'est ce qui a été fait d'une façon indirecte mais plus sûre. Mgr l'Évêque qui approuve nos projets et les encourage, nous a autorisés à l'informer officiellement que notre demande au Ministre des cultes subissait des retards. En conséquence, le bureau s'est empressé d'adresser à Sa Grandeur le résumé suivant, qui doit être reproduit en entier, parce qu'en précisant notre situation, il pourra servir de point de départ à des réclamations ultérieures.

« MONSEIGNEUR,

« La demande de secours adressée par la fabrique en « date du 20 mai 1868, à Son Excellence le Ministre de « la justice et des cultes, n'a pas encore reçu de solu- « tion, ou du moins il n'en a pas été donné d'avis. L'urgence « des travaux à exécuter, l'utilité qu'il peut y avoir à « mettre à profit, sans trop de délai, les encouragements « promis de différents côtés, l'importance du dossier dont « les pièces telles que les plans et les devis seraient « difficiles à reproduire, tous les motifs se réunissent pour « nous imposer l'étroite obligation de renouveler nos dé- « marches. Nous venons, en conséquence, supplier Votre « Grandeur de continuer sa protection à notre œuvre, et « de rappeler avec plus d'insistance encore, s'il est possible, « les titres de l'antique Paroisse du Camp, à la faveur de « la subvention qu'elle sollicite. »

Nous avons été informés que notre réclamation avait été immédiatement transmise et spécialement recommandée. M. le Curé en a aussi reçu l'assurance la plus encourageante de M. le Préfet Pihoret lorsqu'il a visité récemment notre église.

Aussi la grande affaire du Camp, comme nous la qualifions à juste titre, est entrée dans une voie de progrès qui oblige de plus en plus. Nous avons à lutter non pas contre l'hérésie comme à l'époque de la destruction, mais contre une indifférence de découragement très-embarrassante, sans motif désormais. La solution définitive sans doute dépendra de l'accueil qui sera fait par Son Exc. le Ministre des cultes à notre demande de secours. Or, d'après tous les précédents bien connus dans les paroisses voisines, les retards ne doivent pas être considérés comme des refus.

Je ne conseillerai pas, avec un budget en déficit, de s'engager dans une entreprise sujette à tous les imprévus, sans appui du dehors. Le projet de restauration, toutefois, quoique d'urgence sur les différents points menacés, pourrait s'exécuter en différents temps.

Nous avons tout lieu d'espérer que l'architecte habile que nous avons spécialement chargé de dresser les plans et les devis, tout en faisant la part sévère des exigences artistiques, ne perdra pas de vue la faiblesse de nos ressources. Il a tous les droits à notre confiance par son long exercice, à Paris, et par les nombreux succès aux concours de l'Académie des Beaux-Arts. Sa direction de l'orgue nous a laissé un souvenir très-reconnaissant de l'intérêt qu'il porte à notre œuvre.

Vous avez remarqué le dessin du portail d'une exécution supérieure. Il a été exactement pris sur des empreintes obtenues par le moulage, ce qui permettra de reproduire dans tous les détails cette antique architecture. Les cintres détériorés jusqu'à la base, seront reconstruits en entier.

Le massif central, qui sépare les tours, présente un vide intérieur pour le passage d'un escalier, et du côté du couchant, il n'a pas plus de trente centimètres d'épaisseur. Si la grande entrée n'était pas fortement cintrée, il y aurait danger d'écroulement.

Aussi n'est-ce pas seulement en vue de conserver un objet d'art que nous demandons le rétablissement du portail. Sur cette partie de l'édifice, comme sur d'autres, nous sommes pressés par la nécessité d'aviser à une consolidation.

L'état de la plate-forme qui sépare les tours, recouverte d'humus et d'herbages, ne saurait assez fixer l'attention. Les carillonneurs, eux-mêmes, habitués à fréquenter ces sommités, hésitent à s'y arrêter.

Le dallage accordé par la ville devrait être placé depuis longtemps. Le soumissionnaire chargé de ce travail l'ajourne arbitrairement, sans que personne fasse acte d'autorité pour le mettre en demeure d'exécuter ses engagements.

Les deux tours, quoique détériorées sur certains points, pourront être restaurées dans leur état primitif. Celle du côté du sud, où se trouve l'horloge, présente, comme on le remarque sur d'autres parties de l'édifice, des traces profondes du frottement des essieux des voitures. On a masqué ces détériorations par des placages de maçonnerie, et on a voulu les convertir en une sorte de servitude permanente pour se ménager de l'élargissement dans les rues correspondantes..

Ces empiétements, qui ne seraient pas tolérés sur des propriétés privées, doivent l'être bien moins encore quand il s'agit d'un monument, et d'un monument consacré au culte, car, en le déformant, il se commet une double profanation.

Vous exigerez le rétablissement des bâtisses endommagées dans leur état primitif, particulièrement à la base de la tour du sud, dont la solidité finirait par être compromise.

D'après le premier plan de l'architecte, il s'agissait de transformer la plate-forme des tours en galerie, moyennant une rangée d'arcades superposées à celles qui soutiennent le parapet. Des restes d'anciennes constructions indiquent que cette disposition devait exister avant le désastre survenu à notre église. Si un couronnement semblable régnait dans tout le pourtour des combles de la nef primitive, comme cela paraît démontré, c'est à juste titre que la chronique a mentionné cette belle architecture en termes les plus élogieux.

Le système de restauration actuellement proposé pour les deux tours, consisterait à remplacer les toitures par des plates-formes garnies de créneaux. Il y a, à ce sujet, des remarques importantes à soumettre à la Fabrique.

Si les plates-formes étaient soutenues par des voûtes en maçonnerie, le revêtement destiné à les protéger contre les eaux pluviales, pourrait s'exécuter solidement. Mais avec les supports en bois, ou en fer, les seuls dont l'emploi soit possible au sommet des tours, où les murs sont très-faibles à l'aspect du couchant, on n'obtiendrait pas une fixité suffisante. Les ciments s'y désagrégeraient et les feuilles métalliques y subiraient des déformations, ce qui exposerait à des remaniements, toujours difficiles à d'aussi grandes hauteurs.

Et puis, les murs ayant l'épaisseur de près de deux mètres au levant et de trente centimètres seulement au couchant, la même inégalité se reproduirait dans la construction des créneaux dont l'aspect serait disgracieux.

Il semblerait plus convenable, au lieu de terminer les tours en plate-forme, de rétablir les toitures actuelles à pans très inclinés et de les recouvrir d'un métal inaltérable.

Les embrasures des cloches, pratiquées depuis quelques années, sont d'un effet très-disgracieux du côté précisément où elles sont le plus en vue des environs de la ville. Il serait indispensable, pour compléter la restauration, de les garnir de grilles en fer.

Mais il y aurait mieux à faire encore : les deux tours, une seule même, moyennant des charpentes intérieures, comme elles sont établies à la Cathédrale, fourniraient des emplacements très-convenables. Et sans aucun doute on trouverait des moyens commodes et faciles pour exercer les tractions de la sonnerie depuis le bas. La tour du nord se trouve atteinte dans sa solidité par le percement qu'elle a subi, son rétablissement à l'état primitif est indispensable.

Jusqu'à ce jour les intentions de la Fabrique ont été paralysées par l'insuffisance des ressources, et il s'est accumulé un arriéré qui décourage les plus zélés. Mais on a trop oublié que, dans ce cas, la loi autorisait de recourir aux fonds communaux ; il n'a jamais été nécessaire de poser la question en ces termes, attendu que les diverses municipalités ont donné avec empressement des témoignages de leurs sympathies. Les subventions allouées néanmoins, sont subordonnées à des atermoiements tels, qu'il devient impossible de prendre des résolutions pour l'ouverture des travaux.

Une pareille incertitude ne saurait durer longtemps, soit que la Fabrique se trouve dans la nécessité de faire des instances plus pressantes, soit que quelque catastrophe ne vienne révéler trop tard le danger signalé.

La dépense est inévitable, et plus on la diffère et plus le chiffre s'en accroît. Les ruines, arrêtées à leurs blocs indestructibles, demanderont toujours à être relevées. Il sera toujours protesté contre la destruction de l'édifice paroissial.

Combien il est à regretter que des constructions élevées avec tant d'art et tant de sacrifices, n'aient jamais été préservées des ravages du temps. Notre-Dame-du-Camp de Pamiers, aussi ancienne que St-Sernin de Toulouse, marque une époque très-caractérisée de l'art chrétien dans le pays de l'Ariége.

Le clocher de la Cathédrale est très-remarquable sans doute, mais ce type se retrouve ailleurs. Celui du Camp est unique dans son genre, du moins dans nos contrées; il est digne assurément de figurer parmi les monuments historiques. Pourquoi notre municipalité ne prendrait-elle pas décidément l'initiative d'une restauration. Ce serait un des moyens les plus sûrs de conserver à Pamiers sa suprématie sur les villes voisines.

Qu'on me permette une courte digression sur le clocher. En vérifiant les détails de son architecture, il est possible de retrouver encore les traces de l'imposant ensemble qu'il devait former avec l'ancienne nef.

Le vide n'est pas complet dans l'intérieur des tours, comme on pourrait se le figurer au premier abord. Ces constructions ne sont que des piliers jusqu'au deux tiers de la hauteur où commencent les clochers proprements dits. La masse en est artistement déguisée par des retraites dont les angles rentrants sont terminés supérieurement, au nord et au sud, par des arceaux parallèles traversés par des machicoulis. C'était une disposition pour la défense de l'édifice.

Les cloches n'étaient pas disposées comme elles le sont aujourd'hui. Il existe, sur une des faces latérales de la tour du nord, un débris de cintre qui avait dû faire partie d'un clocheton. De deux côtés de cette ruine, au levant et au couchant, on constate des rainures bien marquées dans la brique, résultant évidemment de l'usure opérée par les cordes d'une sonnerie.

Mais ce qui démontre surtout que les cloches ont été suspendues ailleurs, c'est que au bas de la niche occupée par la plus grande, se retrouve l'entrée d'un ancien escalier pratiqué dans l'épaisseur du mur, et qui a été agrandie pour ménager un emplacement.

La tour, transpercée comme un clocher de campagne, n'offrait pas cet aspect dès l'origine.

L'escalier en question se dirige perpendiculairement en bas, jusqu'aux empreintes d'attache avec le clocher de l'ancien mur de la nef, sur le milieu duquel il s'ouvrait par une porte cintrée, comme on l'aperçoit encore à l'aspect du levant.

On trouve un escalier semblable, ou du moins son emplacement, car les marches ont disparu, à la tour du sud, s'ouvrant aussi sur la maçonnerie de l'ancienne nef. Ces travaux d'art, exécutés avec tant de soin et symétriquement placés des deux côtés de l'édifice, n'étaient pas seulement destinés à établir de simples communications entre les clochers et la voûte de l'église primitive, mais à relier les parties supérieures de l'édifice où régnaient des galeries.

D'une autre part, il est à remarquer que l'église actuelle a été exactement reconstruite sur l'emplacement de l'ancienne. Ses rapports avec le clocher ne laissent aucun doute à cet égard. Et en visitant les combles sous la toiture, on rencontre des pilastres à chapiteaux sculptés qui ont appartenu à l'ancienne nef.

Si l'on examine les murs actuels à l'extérieur, suivant leur aplomb, qui est régulier, on s'aperçoit que dans le haut, ils ne recouvrent pas en entier les vieilles empreintes ou ligatures qui existent sur les clochers, tandis que dans le bas le raccordement est complet.

D'où il résulte que, pour ce raccordement sur toute la ligne, les anciennes maçonneries offraient un avancement latéral, au moyen de consoles, lesquelles, comme à la plate-forme des tours, devaient supporter des arcades formant galerie de couronnement dans tout le pourtour des combles de l'ancienne nef.

Tous les indices fournis par les ruines tendent à faire

admettre cette disposition. C'est ainsi qu'on peut s'expliquer l'usage de ces escaliers, si artistement construits dans l'épaisseur des murs, pour relier entr'elles, les parties supérieures de l'édifice. Il est même très-probable que la voûte ogivale supportait, dans tout son pourtour extérieur, une plate-forme, et qu'il n'existait pas de toiture comme de nos jours : du moins, le massif des clochers, sur lesquels sont dessinés tous les appuis ou attaches de l'ancienne maçonnerie, n'offrent absolument aucun support de charpente.

Une galerie d'arcades superposées, comme il en a été signalé des vestiges à la plate-forme des tours, devait être d'un bel effet à de si grandes hauteurs, et, malgré que la destruction ait presque tout effacé, on peut comprendre encore les expréssions de magnificence incomparable dont se sert la chronique pour retracer l'état primitif de Notre-Dame-du-Camp de Pamiers ; et sans aucun doute l'intérieur était en rapport avec l'extérieur.

L'église du Camp n'a pas tiré sa désignation locale de son isolement dans la campagne. Elle était située dans l'enceinte de la ville déterminée, du moins en seconde ligne, par les canaux ou anciens fossés, plus larges autrefois, et dont les ponts comme celui *Du-Lac* à Loumet et celui *De-Recouvrance* aux Carmes, portent encore leurs dénominations légendaires.

La tradition populaire à Pamiers est que Notre-Dame-du-Camp a été ainsi désignée de sa situation dans un camp de guerre : et en effet les restes de son antique architecture semblent avoir appartenu à un lieu fortifié. Elle devait servir de point de ralliement et de refuge aux hommes de guerre, toujours en permanence pour tenir en respect des bandes d'aventuriers qui, à cette époque, ravageaient les campagnes et cherchaient à surprendre les villes.

De sanglants combats ont été livrés sous ses murs. La Croix-Rouge, située à une petite distance, en est le monument expiatoire et même allégorique. Mais un jour la forteresse fut prise d'assaut et démantelée... Depuis elle n'a pas été relevée.... La foi religieuse qui souffre encore de ce désastre immérité, est toujours en droit de rappeler un passé justificatif de ses revendications. Les vœux de la Fabrique, présentés à ce point de vue, ne devaient plus être différés ; puisse la justice qui leur est due ne pas se faire trop attendre.

Si à Pamiers, comme dans toutes les villes tourmentées par les guerres, le souvenir des évènements qui ont été suivis de la destruction des édifices publics, s'est exactement conservé, nulle part peut-être les traditions ne viennent le compléter en termes plus expressifs. Il convenait de le rappeler pour renouer la chaîne de la tradition en faveur de ceux qui voudraient, après nous, reprendre l'œuvre en rétablissant l'édifice dans son état primitif, comme ce serait possible encore.

La belle notice de la *Gallia Christiana*, confirmée par les ruines de notre monument, mérite d'être conservée dans les archives de Notre-Dame-du-Camp, elle servira d'encouragement dans le présent et dans l'avenir.

Nous ne cesserons de répéter que le portail du Camp avec tout son ensemble, malgré les dégradations qu'il a

subies, n'a rien perdu de son importance monumentale,
et que la paroisse ainsi que la ville doivent employer tous
leurs efforts à le restaurer.

En examinant de trop près cette architecture dans l'espace
étroit où elle est comme renfermée, on s'est trop longtemps mépris sur son véritable caractère. Qu'on élargisse
le champ de la perspective, surtout à l'aide de la tradition,
et l'œuvre proposée par la Fabrique sera mieux comprise.

En s'y associant, on favoriserait, au point de vue de
l'art, la réparation d'un injuste oubli, et l'on donnerait un
témoignage de déférence aux vœux légitimes d'une popu-
lation nombreuse qui, pour les besoins de son culte, se
trouve dans une situation inférieure.

**PAULY**, d.-m.,

Président du Bureau.

La Fabrique de Notre-Dame-du-Camp , ayant pris con-
naissance du mémoire, a décidé, à l'unanimité, qu'il serait
imprimé et distribué.

Pamiers, Imprimerie de T. Vergé.